新・それってどうなの!?

Q&A 高校生クリスチャン・ライフ篇

hi-b.a.
高校生聖書伝道協会

JN071787

いのちのことば社

はじめに

自分が中高生のとき、こんな本が欲しかった。

ちょっと聞きづらいことや、口にするのが恥ずかしいこと。

実は一生懸命に考えているんだけど、そう思われるのが嫌だったのかもしれない。

いや、「どうせ、だれもわかってくれやしない」なんて白い目で周りを見ていたのかもしれない。そんな時期を総じて〝シシュンキ〟なんて呼んだりするんだと思う。

だから、そんなシシュンキにこじらせた悩みに向き合ってくれる、何かが欲しかった。

きっと答えが欲しかったんじゃない。一緒に悩んでくれる仲間が欲しかった。そうすれば、肩の荷がちょっと軽くなるから。

この本は、あなたの納得いく回答にはならないかもしれない。それでもボクたちは書いた。

あなたの悩んでいることを聞きたい。あなたの悩みを共に考えたいという思いを伝えたかったんだ。

これはボクたちだけじゃなくて、この本をあなたにプレゼントしてくれた人や友だちがいたなら、その思いは一緒だと思う。

あなたと、この本に書かれているトピックを考えたい。あなたの悩みを一緒に考えたい。

「ああ、自分の悩みは自分一人だけの悩みじゃなかった。」

そんな仲間と出会うと、悩みは人と距離を生み出すものではなく、近づけるものであると知る。

この本を通して「答え」より、大切な「仲間」を見つけられますように。

もくじ

Chapter Ⅰ 人間関係について

ヒバボン
hi-b.a.
公式キャラクター

Chapter Ⅱ 性について

Chapter Ⅲ 教会について

Chapter Ⅳ 聖書について

Chapter V 伝道について

Chapter VI 信仰生活について

Chapter VII そのほか不安なこと

ぼくたちが答えるよ！

しっかり者のリュウボン（川口竜太郎）

好きなものはサーフィンとおもしろいこと。
高校生への情熱は絶えることがない。

自由気ままなフミボン（水梨郁《ふみ》河《か》）

好きなものはコーヒーとチョコレート。
高校生の夢を応援するのが大好きな男子。

chapter

I

人間関係について

どうしても嫌いで愛せない人がいる
クリスチャンとしてどうしたらいいんだろう？

嫌いな人がいると、なるべく関わらないように距離をとったり、過剰に反応したりしてしまう。

イエスさまが**「しかし、わたしはあなたがたに言います。自分の敵を愛し、自分を迫害《はくがい》する者のために祈りなさい」（マタイ5・44）**と言っているのを知っているからこそ、どうしたらいいんだろうって悩む。

でも、悩んでいい。愛せないこと、祈れないことに葛藤《かっとう》していい。

もし自分にとって都合の良い人だけを集めて生活するなら、その人は神の国ではなく、自分の国を作りあげようとしていることに気づくべきだ。

この問題で悩んでいるあなたは、愛せない人、祈れない人を自分の前から排除《はいじょ》していない。

一生懸命に、イエスさまの言葉に生きようとしているんだ。

じっくり悩んで、じっくり葛藤していい。

そうすると自分には、そもそも人を愛する愛なんてものがなかったことに気づいていく。

これは絶望じゃない。希望だ。なぜなら心の底から自分にこそ、イエスさまの愛が必要だと気づけるから。

この気づきは、敵を愛し、祈るという難題を超えるために必要なものなんだ。

イエスさまが、愛する愛すら与えてくれるから。

イエスさまの愛に出会うとき、目の前の人を愛し、祈る希望が与えられるんだ。

あなたが敵を愛し、祈るのは、あなたに必要なチャレンジなんだ。

あなたの心にある「愛したいけど愛せない」という葛藤は、つぼみが太陽めがけて花を開こうとしているようなもの。

イエスさまから愛の栄養と光を受けて、花を開いてみよう。

親とケンカばかりしちゃう……

「クソババア！」

ボクが高校生のときに、母に放った言葉を鮮明に覚えている。

小さいことで突っかかってきたり、イライラするようなことを言ってきたり。どうしてうまくいかないんだろうって思っていた。

相手が親だからこそ、感情的になってしまうことがたくさんある。別に感謝してないわけじゃない。それでもやっぱり、親に傷つけられてきたことがたくさんある。

ボクはずっと、兄と比べられることが苦しかったし、母親なのに自分を理解してくれない、父親なのに自分を応援してくれない、そんな思いがずっと腹の奥でうずいていた。

ボクたちが父母を愛することができない理由に、「なのに」という言葉がある。

母なのに、わかってくれない。父なのに、応援してくれない。

この「なのに」という言葉は非常に厄介なもの。親子の関係に衝突をもたらす。

「なのに」というのは、わかってくれて当然だ、という押し付けなのかもしれない。

中高生のあなたは、そろそろ自分を押し付けるような子どもの態度を捨て、一人の大人として父母と関わる時が来た。

「互いは別々の人間で完璧に理解できない（されない）」ということは、ちょっぴり切なさを感じると同時に、親子関係に希望を生み出す。

ボクが高校生のとき、母に「クソババア！」と放った言葉は一人の大人として、女性に対して言ってはいけない言葉だった。

あなたが一人の大人として父母と関わることを始めるとき、このみことばへの応答が具体的に生まれるのではないだろうか。

「あなたの父と母を敬え。あなたの神、主が与えようとしているその土地で、あなたの日々が長く続くようにするためである。」

（出エジプト20・12）

ノンクリスチャンのノリについていけない……

　恋バナや下ネタに、どうやってついていったらいいんだろう？

そーゆー話っておもしろいし、興味があるって思ったりするけど、それってやっぱりクリスチャンとしてよくないのかなって……。

ボクはぶっちゃけ、自分から下ネタを話したり、恋バナをするような高校生でした。

でも、これだけはやらない！　って決めていたことがあった。

それは、人を傷つける言葉やノリにはついていかないってこと。

「死ね」とか「キモい」とか、だれかの心に引っかかるような言葉は「言っちゃいけないかな？」ではなく、「言いたくなかった」んだ。

あなたがイエスさまを愛する者として、「言いたくないこと、したくないこと」ってなんだろうか。

　きっとあなたにもあるんじゃないかな？　「言いたくないこと、したくないこと」。

聖書は、闇の中に歩むクリスチャンを「光の子」と呼んでいる。かっこいいいね。

暗闇のわざに加わらずに、暗闇に輝く光があなただ。

これはとっさに考えて実行できることじゃない。だから、とっさに起きる悪ノリや雰囲気への対応を事前に考えておくといい。

友だちの悪口が始まったら？　だれかが悲しむノリが始まったら？

事前にどうするか考えておこう。

聖書から影響を受けている自分の価値観に誇り高くあろう。

闇の中で光の子として生きるとは、どのようなことだろうか。

あなたに与えられた光を大切にしてほしい。

「あなたがたは以前は闇でしたが、今は、主にあって光となりました。光の子どもとして歩みなさい。あらゆる善意と正義と真実のうちに、光は実を結ぶのです。何が主に喜ばれることなのかを吟味《ぎんみ》しなさい。実を結ばない暗闇のわざに加わらず、むしろ、それを明るみに出しなさい。」

（エペソ５・８〜11）

人の目が気になってしまうのはどうすればいい？

フォロワーの数や「いいね」の数。そんなことに一喜一憂する。

バカげているってわかってるのに。

『たいせつなきみ』という素敵な絵本がある。そこでは、木彫りの小人たちが互いに、金の「星のシール」か灰色の「だめじるしシール」を貼り合っている。主人公パンチネロは特技がなく、ドジってばっかり。いっつも「だめじるしシール」を貼られてしまう。

小さいときにこの絵本を読んで、「そんな世界やだな」と思っていたのに、気づいたらそんな世界になっていた。

「グッドボタン」か「バッドボタン」。

自分の毎日は、グッドなのかバッドなのか、周りの人が親指一つで決める世界。

パンチネロは、だめじるしシールに悩みながら歩いていると、星のシールもだめじるしシールも貼られていない女の子に出会う。

パンチネロが、なんでシールがついていないのか尋ねると、女の子は「私たちを造ってくれた彫刻家のもとに行くといいよ」とアドバイスをする。

彫刻家のもとに恐る恐る行ったパンチネロは、衝撃の事実を知る。

それは、「自分は創造者に愛されている」ということ。

彼は周りの〝相対評価〟ではなく、彫刻家の〝絶対評価〟を知った。

その帰り道、パンチネロの体からシールが落ちていく。

周りの人たちは頼んでもいないのに、ボクたちの容姿や性格を相対的に評価して、星のシールやだめじるしシールを貼ってくる。

それを止《と》めることはできないかもしれないが、自分の体から剝《は》がすことはできる。

創造者の声に耳を傾けるとき、周りの評価が気にならなくなっていく。

創造者は、あなたをどのような気持ちで造ってくださったのか、思いめぐらしてみよう。

「だが今、主はこう言われる。ヤコブよ、あなたを創造した方、イスラエルよ、あなたを形造った方が。『恐れるな。わたしがあなたを贖《あがな》ったからだ。わたしはあなたの名を呼んだ。あなたは、わたしのもの。……

わたしの目には、あなたは高価で尊い。わたしはあなたを愛している。……』」

（イザヤ43・1、4）

人と比べてしまって自分に自信がもてない

なぜ人と自分を比較してしまうのでしょうか。人と比較することで、何を得られるのでしょうか。そして、そこから得られた情報がどれほどの価値があり、生きていく上で役に立つものなのかを考えましょう。比較することによって、自分はあの人より劣《おと》っていると苦しむ原因になるならば、その逆も起こります。

つまり、人と比較するとき、自分はあの人より劣っているが、この人よりはまさっていると自分の優越性を確認しているのです。比較によって無意識のうちに人間のヒエラルキーを作っているとするならば、人と自分を比べる習慣は百害あって一理なしでしょう。

それに、他者との比較から生み出される劣等感は、苦しむ理由にならないほど主観的で信憑性《しんぴょうせい》のない、不確かな情報です。

人に対する印象は相対的で変わりやすいものなので、人と比べて劣っている、もしくはまさっていると自分が感じても、それは正しい情報にはなり得ないのです。

強いコンプレックスを感じているからといって、本当に自分が劣っているかどうかは別の話です。

中には尊敬できる人たちに囲まれて、未熟な自分を責めてしまう人もいるかもしれません。

覚えておきたいのは、理想の自分には一日ではなれないということです。周囲から尊敬されている人たちも、かつては初心者であり、卓越した人物になるまでに多くの失敗と努力があったはずです。

向上心は私たちを成長させますが、競争心は強いコンプレックスを生んでしまいます。

他者との比較ではなく、尊敬が必要なのです。そして、人からの評価を気にするのではなく、自分自身がどうありたいのか、生き方を考えましょう。

付き合う時にクリスチャンっていつ言えばいいの？

「愛には偽りがあってはなりません。悪を憎み、善から離れないようにしなさい。」

（ローマ12・9）

気になる相手が現れたときには、なるべく早い段階で自分がクリスチャンであると伝えることをお勧めします。そのうえで、付き合うかどうかを決めても、遅すぎることはありません。

最初は「この人しかいない！」と思えた相手だったとしても、交際がスタートしてからでは、ズルズルと不本意な関係が続き、ストップをかけたくてもかけられなくなってしまう危険があります。

もし伝えることが難しいならば、いったんその理由を考えましょう。真剣に付き合う相手に、隠しごとをする必要はないはずです。

信仰生活を隠すならば、自分を偽ることになります。

ただその人と一緒にいることがゴールになっていて、相手に合わせすぎてしまい、一緒に楽しむことができなくなってしまいます。

その関係は、捨てられたくないと思うだけの依存関係になるかもしれません。

クリスチャンであることを伝えただけで崩れてしまう関係は、些細《ささい》なことで冷めてしまいます。

あなたが大切にしている価値観を最初から認めない、もしくは受け入れない相手と付き合って、お互い幸せになれるとは思えません。最初から付き合わなければよかった、と後悔する日はそう遠くないでしょう。

神を信じていることを受け入れない相手は、本当に付き合うに値《あたい》する人物ではないと思います。一緒にいて心から平安で楽しいと思える相手以外、妥協すべきではありません。

少なくとも、あなたが大切にしている価値観を受け入れてくれる相手と付き合ってほしいと思います。

「そんな相手はどこにもいない!」と言うかもしれません。

本当にそうでしょうか?

神に期待し、祈り続けましょう。心の底を打ち明けてもなお、恋慕《した》ってくれる相手が与えられます。きっとその相手も神を愛してくれるでしょう。

コミュ障なんですけど……

初対面の相手と話すことは、だれもが緊張するものです。緊張の理由に「何を話していいかわからない……」という言葉をよく聞きます。しかし、たとえ初対面の相手と共通の話題がなかったとしても、恐れることはありません。

「私の愛する兄弟たち、このことをわきまえていなさい。人はだれでも、聞くのに早く、語るのに遅く、怒るのに遅くありなさい。」

（ヤコブ1・19）

だれもが人と関わるとき、何かを話さなければいけないと思います。しかし、聖書はその逆で聞きなさいと語っているのです。「聞くのに早く」という意味は傾聴《けいちょう》であり、相手のことをしっかりと理解する目的があります。

だれでも自分の話を聞いてもらいたいものです。相手の趣味や、何気ない日常の出来事、相手が話したいことに焦点を当てて、傾聴するならば話は弾み、話題はつきません。

次第に深い話に発展するならば、相手が大切にしている事柄の理由をさらに深く質問してみるとよいでしょう。そのとき、考え方の違いが見つかるかもしれませんが、些細なことにこだわることなく傾聴し続けることをお勧めします。議論は信頼関係が深まった後で、お互いの成長のためにしたらよいでしょう。

つまり、円滑なコミュニケーションを持ちたいのであれば、何かを話すのではなく、いかに聞くかなのです。相手があなたに受け入れられていると感じるならば、信頼関係も構築されていきます。

もし、私たちが相手の言葉に耳を傾け、理解していくならばお互いの関係は祝福されるでしょう。

あなたが心を閉ざさないかぎり、会った瞬間から友人関係が始まっています。知り合いと友人関係の線引きはありません。まだ友だちではない、という線引きをする必要はないのです。

勇気をもって、相手の話を聞いていきましょう。

いじめられているけど、どうしたらいいの？

非常につらいことです。いじめは人格を無視しています。断固として許すべきではありません。しかし、復讐《ふくしゅう》するのでもありません。**「愛する者たち、自分で復讐してはいけません。神の怒りにゆだねなさい」（ローマ12・19）**とあるように、神の怒りにゆだねていきましょう。

いじめられる原因を作っているのは、あなたではありません。

いじめている人は、いじめなければ自分もいじめられるかもしれないと恐れたり、もしくはあなたを見て嫉妬《しっと》したり、鬱憤《うっぷん》を晴らそうとしたりして、あなたを非難する理由を探しているのです。

いかにも正当な理由を並べ立てたとしても、人をいじめる行為は決して正当化されることはありません。

もし、あなたが特定のグループの中にいて、いじめられているならば、そのグループから離れる必要があります。中にはグループから外されたくないがために、いじめられていることを我慢してしまう人がいます。しかし、人をいじめて自分を守っているような集団には価値はなく、所属している意味と理由はありません。そこから得られるのは、嫌な記憶と何の生産性もない会話の仕方くらいです。

また、いじめをする相手を無理に正そうとする必要もありません。というのは、**「嘲《あざけ》る者を叱るな。彼があなたを憎まないために。知恵のある者を叱れ。彼はあなたを愛する」（箴言9・8）**とあるからです。叱責は知恵のある者に対して効果があり、聞く耳のない者には反論の理由にしかならないからです。

いじめは卑劣な行為であり、罪がある世の中で、なくならない悪です。多くの場合、複数人で行われるため、一人で問題を解決するのは困難です。

いじめられている、もしくはいじめを見た場合は、一人で抱え込むのではなく、すぐに対応してくれる人に相談しましょう。

既読がつかなくて不安になります

「既読無視すんなよ！　だって、インスタのストーリー投稿しているのに、ラインの返信くれないじゃん！」

相手からの返信がなかったり、既読無視、未読無視されたりすると不安になる。着信は来てないのに、何度もスマホを開いてしまう癖がついている。

たった今、閉じたアプリを開いて、「あ、今見てたじゃん」っていうこともある。

既読無視、未読無視をなぜ不安に感じるのだろう？

それは、だれかに無視されているからじゃない。

自分が自分の「寂しい心」を無視しているからなんだ。

ひとりぼっちの寂しい心、だれかとつながっていないと壊れてしまいそうな心。

それを必死で壊れないように保っているんだ。

自分の寂しさに触れないようにしているのは、触れたら壊れてしまうから。

でもこの心を無視して、友だちにぶつけて、まぎらわしても何にも変わらない。

自分が自分の心に、未読無視や既読無視をしちゃダメなんだ。返信をしてあげよう。自分の心に。

気づいてあげよう。「私を見て!」と叫ぶ自分の心に。

もし疲れていたり、寂しい心を見つけたりしたら、その心をイエスさまのもとに連れて行ってあげよう。

なぜなら、イエスさまは決してあなたの声に未読無視や既読無視をしたりしないから。必ず答えてくださるよ。

あなたが本当に必要な言葉は他でもなく、あなたの心の奥のほうにある叫びに答えてくれる言葉。

自分の心に気づいてイエスさまの言葉を聞くならば、あなたはもう周りがそんなに気にならなくなるよ。

「すべて疲れた人、重荷を負っている人はわたしのもとに来なさい。
わたしがあなたがたを休ませてあげます。」

（マタイ11・28）

友だちのSNSの投稿が気になってしまう……

「あなたがたのことばが、いつも親切で、塩味の効いたものであるようにしなさい。そうすれば、一人ひとりにどのように答えたらよいかが分かります。」

（コロサイ4・6）

いつでもどこでも人とつながることができるSNSは、私たちの生活に大きな影響を与えています。LINE・Instagram（インスタ）・Twitterと高校生であれば、どれか一つは使っていることでしょう。このツールは便利ですが、使い方を誤るとトラブルに巻き込まれることがあります。

人の投稿が気になる人は多いようですが、気になる種類もさまざまでしょう。友だちがどこかに遊びに行った際に投稿された写真を見て、自分がそこには誘われていなかったり、一緒に遊びに行ったにもかかわらず、投稿された写真には自分が写っていなかったりなど、小さい葛藤《かっとう》が生まれやすいのです。

中には、自分がいないところで友だちが何か楽しいことをしているのではないかと心配になり、たえずSNSをチェックする（1日5〜10時間の人もいるようです……）ようになる場合もあるので要注意です。

SNSの投稿は、その人の生活の最高の一面（自慢など）を載せる場合があります。自分の今の苦しい現状と比較し、嫉妬する場合もあります。人に対抗して情報を盛って投稿したり、「いいね」をもらうために投稿し続ける場合もあります。投稿合戦はただの見栄の張り合いであり、時間の浪費です。

いったい、時間を割いてチェックしている投稿内容はあなたにとってどれだけ重要な情報でしょうか。人の楽しそうな姿、加工して本人とかけ離れた美しい写真、お洒落なカフェや食べ物、ファッションなど、貴重な情報に思えるかもしれませんが、結果として時間（買い物などをするならばお金も）を搾取《さくしゅ》されています。

中には誹謗中傷《ひぼうちゅうしょう》する書き込みや、友だちの悪口を言い合うだけの

LINEグループに知らないうちに巻き込まれることさえあるので、そのようなところは即座にブロックすることを恐れてはいけません。

人の投稿をチェックすることに時間を費やすよりも、みことばの投稿をしたほうがみんな励まされると思います。

人を励まし、生かす投稿内容を考えましょう。

chapter
Ⅱ
性について

聖書が語る結婚観って？

「それゆえ、男は父と母を離れ、その妻と結ばれ、ふたりは一体となるのである。」（創世2・24）

結婚は神から与えられた祝福です。

子どもだった私たちが父と母を離れて、自分の人生を使って夫・妻と家族のために生きるようになるのです。ひとりで生きてきた人生から、二人で共に心を合わせて行動するようになり、新しい命が与えられます。

父と母を離れるとは、精神的・経済的な自立を意味します。結婚前までの私たちは、知らず知らずのうちに親のものを自分のもののように使っているのです。

結婚してからは洗濯物をたたんでくれる母親も、学費や携帯代を払ってくれる父親の経済力も、もうあなたのものではなくなります。

自分のために行動する期間が終わり、時間も稼いだお金も、家族のために使うようになります。そこには自己犠牲が伴いますが、すべて自分のために使っていたものを家族のために使えることは、大きな喜びとなるのです。

精神的な自立に必要なことは、自分の願いや理想を相手に求めるのではなく、あなた自身が相手の立場に立ち、必要に応えていくことです。

自分の願いどおりに相手は行動しませんし、行動させるべきではありません。理想に生きることは自分に求めることであって、伴侶や子どもに押し付けるものではないのです。

「神が結び合わせたものを人が引き離してはなりません。」

（マタイ19・6）

一度結婚したら、離婚すべきではありません。意見の相違、困難、思いもよらない事態は必ずあります。試練は、分断をもたらすものではなく、絆を強めるものなのです。

結婚はよくゴールインと言われます。しかし、スタートラインです。

中高生の皆さんはまだ少し先の話になるでしょう。最高のスタートラインに立てるように、今から準備をしていきましょう。一対一で付き合ってしまうと、相手の真実が見えないことがよくあります。気になる相手が現れたなら、すぐに付き合うことをせずに、集団の中で相手を観察してください。

付き合ったら、どこまでしていいんだろう？

「あなたは若いときの情欲を避け、きよい心で主を呼び求める人たちとともに、義と信仰と愛と平和を追い求めなさい。」

（IIテモテ2・22）

よくある質問の中に、「結婚前に、どこまでの行為が許されるの？」というものがあります。

異性に関心を寄せることは、悪いことではありません。むしろ若い頃に恋愛をすることで得られる経験もたくさんあります。

しかし、質問の内容が肉体に関する行為であれば、気をつけなければいけません。今現在の行いが、大きく将来に影響を及ぼすことがあるからです。

性の関係は夫婦に与えられています。これは、二人が一つとなって協力して生きていく特別な関係であり、新しい命が与えられる祝福です。結婚後まで待つことをお勧めします。

以前、高校生クリスチャンの男女にアンケートを取ったところ、本当に愛しているならキスであればいいと、8割近い回答がありました。しかし、本当の愛とはなんでしょうか。その意味を一人ひとりがよく考える必要があると思います。

そして、「どこまでしていいんだろう……」という心の状態は、本当の愛に根ざしているでしょうか。もし、見ている方向が自分の欲望の達成に向いているのであれば、時間の問題で自制できなくなり、大きな失敗を犯してしまうでしょう。

「どこまでしていいのか……」と考えるより、いかに誘惑から遠ざかっていくかを、考えることが必要です。

なぜなら、妊娠・中絶・不本意な肉体関係によって大きく傷つき、その傷がなかなか癒やされないままでいる人は少なくないからです。

きよい生き方は、私たち自身を大切に扱うことです。決して偽善的な歩みではありません。自身を大切に扱うことができなければ、大切な人のことも傷つけてしまいます。

恋愛に関しても神に喜ばれる行動を求めるなら、不必要に傷つくこともなく、将来のパートナーと出会ったときの喜びも大きいでしょう。

好きな人ってどうやったらできるの？

好きって、どんな気持ちのことを言うんだろう？

だって、かわいい子やかっこいい人を見ればドキッとするけど、友だちといるほうが安心していて楽しい。

付き合いたいなんて思わないし、この人のことしか考えられない！　みたいなことが自分にはないんだよなあ。

でも周りはみんな好きな人がいて、なんかイキイキしている。自分って変なのかな？　恋バナになるとどうしたらいいかわからない――。

これは、高校生時代のボクだった。

他に熱中することがあったりして、特にこのテーマを考えてこなかった人もいるかもしれない。

もしあなたが恋人がいないことに焦っているとするなら、「彼氏・彼女がいる」というステータスが欲しいだけで、異性をモノ扱いしている危険性がある。

好きな人ってできないといけないのかな、と気持ちを焦らせる必要はない。聖書はこのように言っているよ。

「エルサレムの娘たち。私はあなたがたにお願いします。揺り起こしたり、かき立てたりしないでください。愛がそうしたいと思うときまでは。」（雅歌８・４）

恋心は無理にかき立てたりする必要はない。

恋人がいないことに焦る必要もない。

あなたが、本当に大切にしたいものを大切にするという成熟が必要なんだ。

だから、恋心を揺り起こしたり、かき立てたりしなくて大丈夫だよ。

今大切なものに一生懸命取り組んでみよう。

今大切なものを大切にできるなら、将来大切な人に出会っても、あなたはその人を大切にできるだろう。

小さな果実が熟して大きな実になり、相手を幸せにする日まで待ってみよう。

みこころの人ってどうやったらわかるの？

「ふられた……。」

祈り続けて、周りからも勧められて、前日には、デートスポットの公園をひとり下見して、告白したボクの友だちがいた。

みこころの人だ！ と思ってアタックしたんだけど、ふられてしまった。

彼はとても悩んでいた。「みこころの人だと思ったのに」って。

でも、失恋から立ち直った彼の言葉が、忘れられない。

「神さまは、ボクにどんな人を好きになるか選ばせてくれた。それと同時に、相手にもだれを好きになるか選ぶ権利があったんだ。」

ボクは彼の姿を見て、結婚はお互いの選択が一致して生まれる奇跡なんだと思った。

たとえ同じ神さまを信じていても、お互いが同じ相手を選ぶとはかぎらない。

じゃあ、みこころの人って何？　って思う。

それは、「自分自身」だ。

とても大切なことは、みこころの人を探すことより、自分がみこころの人として生きることだ。

だってあなたがみこころに歩んでいないなら、目の前にみこころだと思える人が現れたとしても、相手はあなたのことをみこころの人だとは思わないだろう。

だから、みこころの人はいるんだろうか？　ではなく、私は今日みこころを歩めているのだろうか？　と自分に問いかけてみよう。

あなたの人生は、みこころの人を探すためではなく、みこころに歩むためにあるんだ。

「だれでも神のみこころを行う人、その人がわたしの兄弟、姉妹、母なのです。」

（マルコ3・35）

同性愛について聖書はなんて言ってるの？

まず前提として、同性愛者に対して差別や偏見を持つべきではありません。関わるととても楽しい人や、物事を深く考察している人が多いのも事実です。

私たちは主にあって愛するべきであって、隣人を愛することにおいて区別すべきではありません。

教会はすべての人に開かれているのですから、打ち明けられたときは否定したり、治療しようと話をすぐにもちかけたりすることはせずに、いつからそう思っているのか、何かきっかけがあったのか、あるいは思い当たる原因があるのか、自然とそうなっていったのかを傾聴することをお勧めします。

中には、このことで心を悩ませている人もいます。私たちは早々に裁いたり、かといって安直に肯定するのでもなく、彼らに居づらさを与えない配慮をするとともに、適切に関わることが必要です。

ただ、「同性同士の性行為」について、聖書は一貫して罪だと語っています。

「あなたは、女と寝るように男と寝てはならない。それは忌み嫌うべきことである。」（レビ18・22）

「こういうわけで、神は彼らを恥ずべき情欲に引き渡されました。すなわち、彼らのうちの女たちは自然な関係を自然に反するものに替え、同じように男たちも、女との自然な関係を捨てて、男同士で情欲に燃えました。男が男と恥ずべきことを行い、その誤りに対する当然の報いをその身に受けています。また、彼らは神を知ることに価値を認めなかったので、神は彼らを無価値な思いに引き渡されました。それで彼らは、してはならないことを行っているのです。」（ローマ1・26〜28）

「あなたがたは知らないのですか。正しくない者は神の国を相続できません。思い違いをしてはいけません。淫らな行いをする者、偶像を拝む者、姦淫をする者、男娼となる者、男色をする者、盗む者、貪

欲な者、酒におぼれる者、そしる者、奪い取る者はみな、神の国を相続することができません。」

（Ⅰコリント６・９〜10）

聖書では同性同士の性行為は、してはならないと語られています。そして、それらの罪がみな、人を神の国に入れないようにするのです。しかし、これらすべての罪に対して赦しが提示されているのと同じように、同性同士の性行為に対しても、悔い改めによる赦しを聖書は語っています。

聖書が何を語っているのか、常に聴くことが大切です。

今後、人間の性別を人が決めるようになるかもしれません。しかし、人をお造りになった神の意見を聖書から確認する必要があるでしょう。

中絶は罪？

「あなたこそ　私の内臓を造り／母の胎の内で私を組み立てられた方です。／私は感謝します。／あなたは私に奇しいことをなさって／恐ろしいほどです。／私のたましいは　それをよく知っています。／私が隠れた所で造られ／地の深い所で織り上げられたとき／私の骨組みはあなたに隠れてはいませんでした。／あなたの目は胎児の私を見られ／あなたの書物にすべてが記されました。／私のために作られた日々が／しかも　その一日もないうちに。」（詩篇139・13〜16）

妊娠は、一つの体に二つの命が宿る尊いプロセスです。

十月十日の期間を経て赤ちゃんが生まれてきますが、レイプ、望まない妊娠、経済的な理由、胎児の病気、母体の病気からの出産のリスクなど、一人ひとりの妊娠の事情は異なり、さまざまな理由で中絶がなされています。

では、22週目まで、胎児（胎芽）がどのように育つのでしょうか。胎児は妊娠4～7週で、身長0・4～1・2センチ、体重1～4グラム。頭まで成長するようです。胴体、手足の区別がつくようになり、目、耳、口、歯、中枢神経系や心臓、肺が形成され始める段階です。この頃から超音波検査で心拍が確認できるようになります。

妊娠8～11週で身長1・8～6センチとなり、手足の動きが確認でき、超音波検査で心臓の音が確認できるようになります。そして、赤ちゃんは主に肝臓で血を作り始めます。

妊娠12～15週で身長15～16センチ、体重100グラムとなり、内臓がほぼ完成し、機能も発達し始めます。胎児は羊水の中を自由に動き回り、受精した段階で性別の区別ができます。16～19週の胎児は手指には爪が生え、脳の前頭葉も発達し、活発に動いています。

現代の医療では、中絶手術が受けられるのは現在妊娠22週未満（21週6日）までとされていて、人工妊娠中絶は妊娠15週未満と15週以降では手術の方法は異なります。そして、中絶の費用は病院によって差があり、10～15万円ほどかかるようです。

皆さんもおわかりいただけたと思います。

一センチほどの胎児であっても命が宿っているのです。中絶の費用は、胎児を死なせるための恐ろしい費用です。胎児は生きることを望み、お腹の中で活発に動き回っているのです。

何らかの事情により、母体が死に至らしめられるような状況を回避するための中絶であればやむを得ないかもしれません。しかし、軽い気持ちで肉体関係をもち、妊娠＝中絶という行動をとるべきではありません。そのときの軽い気持ちで中絶したとしても、その傷は一生残ると思います。

中には、事件に巻き込まれて肉体関係をもってしまうケースもあります。そのときは隠さず、72時間以内に服用することで妊娠を回避（100％回避できるわけではありませんが、より早く服用すると効果が高まります）する緊急避妊薬（アフターピル）があるので医療機関に相談してください。

しかし、覚えてほしいことは、事件に巻き込まれるような場所には近づかない、そのような状況になる二、三歩手前で回避する必要があります。

※「緊急避妊薬」については、薬局で購入できるように求める要望書が厚生労働省に提出されたそうです。

中絶という決断が何をもたらすのかを、一人ひとりが考え、このような選択を選ぶことのないように、誘惑に負けず、周りに流されずに、危険から身を遠ざけましょう。

マスターベーションって罪？

マスターベーションについて聖書が直接語っているところはありません。ただ、自慰行為そのものへの回答ではありませんが、**「男が精を漏らしたときは全身に水を浴びる。その人は夕方まで汚れる」**（レビ15・16）とあります。精を漏らした場合は汚れるので、身を汚す行為であることがわかります。

また、自慰行為についてよく取り上げられる聖書箇所に、オナンの事件があります。

「ユダはオナンに言った。『兄嫁のところに入って、義弟としての務めを果たしなさい。そして、おまえの兄のために子孫を残すようにしなさい。』しかしオナンは、生まれる子が自分のものとならないのを知っていたので、兄に子孫を与えないように、兄嫁のところに入ると地に流していた。彼のしたことは主の目に悪しきことであったので、

主は彼も殺された。」（創世38・8〜10）

オナニーの語源となった出来事と言われています。しかし、文脈からは自慰行為でオナンは裁かれたのではなく、兄のために子孫を与えないようにしたために殺されたことがわかります。したがって、この聖書の箇所は自慰行為に対して直接語ってはいないのです。

「しかし、わたしはあなたがたに言います。情欲を抱いて女を見る者はだれでも、心の中ですでに姦淫《かんいん》を犯したのです。」（マタイ5・28）

聖書から、情欲を抱くことは罪ということがわかります。自慰行為の過程において、情欲の罪を避けることはできないでしょう。これは、男性に限ったことではなく、ポルノ依存は女性にもあります。少しの汚れだから問題ないと考えるのではなく、汚れから遠ざかる行動をとっていきましょう。

chapter Ⅲ 教会について

洗礼ってなんで受けるの？

「しかし、イエスは答えられた。『今はそうさせてほしい。このようにして正しいことをすべて実現することが、わたしたちにはふさわしいのです。』そこでヨハネは言われたとおりにした。」（マタイ3・15）

私たちが洗礼を受ける理由は、それが神の前に正しいことであり、神が喜ばれるからです。

ここの箇所は、ヨハネから洗礼を受けようとしたイエスが語った言葉です。「悔い改めのバプテスマ」を授けていたところにイエスが来られました。ヨハネは、イエスに罪がないことを見てとって「私こそ、あなたからバプテスマを受ける必要があるのに」と言ったのです。

罪のないイエスは唯一、洗礼を受ける必要のない人物でした。しかし、イエスはヨハネに「神の前に正しいことをすべて実現するべきだ」と言い、洗礼を受けたのです。

洗礼を受けるタイミングは、良いクリスチャンになってからでも、聖書知識が増えてからでもありません。神を信じた瞬間から受けることができます。

新約聖書の中には、女王の全財産を管理していた宦官《かんがん》のエチオピア人は、イザヤ書を読んでいたときにピリポからイエスのことを聞き、その直後に洗礼を受けたことが記されています。

ある人は、心で信仰告白をしたら救いは得られるという理由から、洗礼を軽視する人がいます。また、中には信仰告白の証しを人前でしたくないので受けていません……と言う方もいるようです。

夫婦になるときは籍を入れ、結婚式をするでしょう。それは、結婚式は公《おおやけ》に二人の関係を公表するからです。

そして、二人は喜びに満ちあふれ、周りの人々も祝福するのです。洗礼もまた神との歩みを公にするものです。あなたのために自分の命さえ惜しまなかった神が、あなたの洗礼をだれよりも喜んでくださいます。

礼拝は休んじゃいけないの？

「日曜日の朝、どうしても休めない部活が入っちゃったんだ。だから朝に礼拝の時間を作ってくれない？」

これは、ボクが所属している教会の高校生が言った言葉だった。

朝早く、お互いの中間地点の駅に集まって、カフェでみことばを読み、祈って彼を送り出した。

あなたが教会生活に本気だからこそ、教会を休むことについて悩んでいるんだと思う。

そこにもう一つあなたが大切にしていたり、本気で取り組んでいるものがあるから、本気と本気のぶつかり合いが起きている。

でも、どちらかを選べ！　というのはとても酷《こく》だよね。

確かにあなたの歩みの中では、どちらかを選ばなければいけない時がある。でもそうじゃないかぎり、両方を選んでいいんじゃないかな。

教会生活も他のことも本気でやっているなら、両方選んでいい。日曜日の部活がどうしても休めないときは、早朝や夕方に礼拝をささげたい、と牧師にお願いしてみることもできる。日曜日に遊びに行く予定が入りそうなら、友だちを礼拝に誘って一緒に礼拝から一日を過ごすこともできる。

だって、どっちも本気なんだろ？

あなたが神の栄光をあらわす生き方を望むなら、どこにいても、そこは神さまの栄光の最前線だと思うんだ。

むしろ、あなたが教会に行かない理由を探しているなら、考えるべきは「教会は休んでいいのかな？」ではなく、「自分はなぜ、イエスさまに本気になれていないんだろうか」という、信仰状態のメンテナンスだと思う。

神さまの栄光をあらわすために、勉強も部活も、友だちと遊ぶことも、食事も本気でする。教会にそんな思いをもっていこう。

「こういうわけで、あなたがたは、食べるにも飲むにも、何をするにも、すべて神の栄光を現すためにしなさい。」（Ｉコリント10・31）

教会を替えたいんだけど、どうすればいい？

「ですから、兄弟たち、私は神のあわれみによって、あなたがたに勧めます。あなたがたのからだを、神に喜ばれる、聖なる生きたささげ物として献げなさい。それこそ、あなたがたにふさわしい礼拝です。」

（ローマ12・1）

教会を替えたくなった理由はなんですか？

同世代が少ない、人間関係がこじれた、だれにも言えない問題を知ってしまった……など「同じ神の教会なのに、この違いはなんだ」なんて思っている人もいるかもしれません。

中には、賛美やメッセージのスタイルが自分と合わないという理由で他の教会を探す人もいます。

しかし、教会は選ぶというより、与えられるものだと思います。

あなたがいる教会に偶然置かれているのではありません。

「自分で選ぶ」という思いが強すぎると、「神があなたを選んで」この教会に置いている、という神の招きに気づくことができなくなってしまいます。

聖書の中にも教会内で起きたさまざまな問題が記されています。完全な教会はありません。問題が起こるたびに教会を替えていくなら、教会がいくつあっても足りなくなってしまうでしょう。

中には人間関係でつまずきを覚え、教会を替える場合もあります。しかし、関係をこじらせた相手も同じように、あなたによってつまずいているかもしれません。

神のみこころに歩むには、祈りと多くの励ましが必要です。行き違いが起きたときは一人で悩みを抱えるのではなく、信頼できる人に相談してください。

相談相手として、あなたを神に近づけてくれる人をお勧めします。一緒になって教会の悪口を言う人はお勧めできません。むしろ、そのような人は警戒してください。苦しい期間かもしれません。しかし、この中でみこころを求めるなら、成長への機会と変えられます。

「この世と調子を合わせてはいけません。むしろ、心を新たにすることで、自分を変えていただきなさい。そうすれば、神のみこころは何か、すなわち、何が良いことで、神に喜ばれ、完全であるのかを見分けるようになります。」

（ローマ12・2）

献金ってなんでしないといけないの？

「一人ひとり、いやいやながらでなく、強いられてでもなく、心で決めたとおりにしなさい。神は、喜んで与える人を愛してくださるのです。」

（IIコリント9・7）

献金は喜んで自発的にささげるものです。強制されたり、強要されたりするものではありません。しないといけないわけではないのです。私たちが献金する対象は教会や宣教団体であるかもしれません。しかし、実際はその働きを支えておられる神にささげています。

「人は、神のものを盗むことができるだろうか。だが、あなたがたはわたしのものを盗んでいる。しかも、あなたがたは言う。『どのようにして、私たちはあなたのものを盗んだでしょうか』と。十分の一と奉納物においてだ。」

（マラキ3・8）

ささげ物には報酬の十分の一の基準があり、ささげないことは神のものを盗んでいると聖書は言っています。なぜなら、私たちが生活し、働ける状態にあること自体が神からの恵みだからです。

自分で稼ぎ、自分で使う、すべて自分のもの、だからささげない！とはならないですよね。もちろんささげたくなければ、原則ＯＫ。

献金をするときは、神から多くのものを与えられている感謝の心が必要です。

献げるなら、あふれるばかりの祝福があると聖書は言います。私は、リターンのほうが大きかった経験も多々あります……。

「あなたの宝のあるところ、そこにあなたの心もあるのです。」

（マタイ6・21）

献金をすると、自然と心がそこに向いていくのも事実でしょう。神はお金に困ることはありません。神が求めているものは私たちの心です。

私たちに与えられているものを、喜んでささげていきましょう。あなたに思いも寄らない恵みのリターンがきっとあるでしょう。

教会で奉仕をしたほうがいいかなぁ？
教会の奉仕がしんどい

日曜日、時刻は朝七時三十分。牧師がメッセージをしているとき、ボクはとてつもない虚《きょ》無《む》感《かん》に襲われた。もう何も手につかない。心の中に大きな空洞がポッカリとできたような感覚。

この後には中高生会での奉仕、お昼を食べながら会議、午後には大学生の集会、その後にはキャンプの会議、夜は小グループの交わりがあるのに。

何があったのだろうか。

ボクは二人の老夫婦の後ろ姿を見つめながら、礼拝に出席していた。するとふと思った。

「この人たちは何もしていなさそうなのに、なんで恵みを受けているんだろう。」

そう思ったとき、こんなにたくさんのことをやっているのに恵まれない自分がみじめに思えた。

ボクは教会でたくさんの奉仕をして、いろいろな宣教団体や学校でも伝道に励んでいるのに、ちっともクリスチャン生活が楽しくないじゃないか。

でも目の前にいる夫婦は何もしていない（ように見える）のに、恵まれているなんて。

腹が立って仕方がなかった。自分の奉仕がバカバカしく思えた。

その後、なんとか身体を引きずって行った中高生会の奉仕で、ボクは、こんな賛美の歌詞に出会う。


「命をかけて愛を示された。

イエスさまに出会いすべてが変わった。

私はあなたに何をもって感謝を表せばいいのだろう。」


（「まひるのように」より）

何度も歌っていた賛美だけど、自分の奉仕の態度が探られた。

ボクがやりたくて始めた奉仕なのに、やらなくてはいけないタスクになっていて、ステータスにすらなっていた。

恵まれるために奉仕をしていた。

でもそれは間違いだった。恵まれたから奉仕をする。奉仕を通して感謝をしたい。

これがボクの奉仕の動機だった。

恵みは行いによって、変わるものではない。

恵みはあなたが奉仕をするよりも先に、注がれている。

たとえ何もできなかったとしても、恵みは注がれている。

なぜ、あなたは奉仕をしたいんだろうか。

神さまの圧倒的な恵みに応えたかったから、ではなかっただろうか。

同世代の友だちが欲しい！

同世代の友だちが教会にいないあなたの孤独を、理解してくれる人はいるかかな。
学校の友だちが日曜日に遊んだり、勉強したり、部活に行ったりしていることを想像すると、自分は大丈夫なんだろうかって不安が襲う。あなたの気持ちを、一人でもわかってくれる人がいればって思う。同世代の人たちの交わりは、大きな励ましと信仰の成長を与える。
hi-b.a. では、教会に同世代がいない高校生たちも、放課後に集まって集会をやったり、長期休みにはキャンプをやったりしているよ。近くに hi-b.a. の集会がなくても、ぜひ hi-b.a. に連絡してほしいな。同世代のクリスチャンと友だちになれる機会があるよ。
その上で、同世代のいない教会にとどまることの意味についても少しシェアするね。

教会には全世代の人が来ることができる。だから、中学生や高校生が教会に来る可能性がある。

彼らが来たとき、きっと同世代を求めるよね。(あなたがそうだったようにね。)

あなたが教会にいるなら、教会の祝福にとどまらず、自分と似た境遇の人に「あなたが来てくれてうれしい」と祝福の声をかけることができる。

ボクは18歳のときに、学校の同級生が教会に通うようになった。それからとても仲良くなって、2年間ルームシェアもした。今ではボクにとって、とても大切な存在だ。

同世代の人がいつでも来ることができるように、あなたが祈り、教会に出席すること自体が、大切な奉仕だよ。

そしてその姿勢こそ、教会に同世代がいないことを教会のせいにせず、自ら主体的に教会に関わるキリスト者のあるべき姿だ。

同世代が与えられるように祈りながら、時には勇気を出して同世代を教会に誘ってみよう。

「ある人たちの習慣に倣《なら》って自分たちの集まりをやめたりせず、むしろ励まし合いましょう。その日が近づいていることが分かっているのですから、ますます励もうではありませんか。」

（ヘブル10・25）

ネット礼拝ってダメなの？

ネット礼拝でもいいじゃん！

ネット礼拝の賛否については、意見が分かれる。理由は、教会の歴史の中で、礼拝のプログラムや内容について、各教団教派、諸教会で多様性が認められてきたからかもしれない。

二〇二〇年、人類は新型コロナウイルス感染症の影響を受けて行動が制限され、多くの教会でもオンラインのみで礼拝がもたれた。

ネット礼拝はわざわざ教会に行かなくていいし、着替えなくてもいいし、寝っ転がりながらできる。

ネット礼拝の利点を考えると若者世代にとっては待ってました！と拍手だ。いつか礼拝のサブスクなんて始まるかもしれない。

ネット礼拝は、その良し悪しよりも、心持ちが問われている。

あなたは「ネットでもいいから、なんとかして礼拝をささげたい」

のだろうか。それとも「礼拝はネットでもいいや」と思っているのだろうか。

同じ「でも」だけど、前者には、どんな形でも礼拝をささげたいという強い思いがあるけど、後者には礼拝を軽んじる思いがある。

ネット礼拝は、家から出ることができない方や病床におられる方々にとっては画期的な方法だ。ネット礼拝の賛否を一概に決めることはできない。

大切なポイントは、神さまが私たちの礼拝の方法ではなく、心の態度に関心をもっておられるということ。

あなたにとって礼拝は、どちらの「でも」だろうか。

あなたは神さまを、手の平サイズのスマホに押し込めようとしていないだろうか。

「しかし、まことの礼拝者たちが、御霊と真理によって父を礼拝する時が来ます。今がその時です。父はそのような人たちを、ご自分を礼拝する者として求めておられるのです。」

（ヨハネ4・23）

そもそも教会って何？

「どうか、私たちのうちに働く御力によって、私たちが願うところ、思うところのすべてをはるかに超えて行うことのできる方に、教会において、またキリスト・イエスにあって、栄光が、世々限りなく、とこしえまでもありますように。アーメン。」

（エペソ3・20～21）

実は、教会とは建物のことではありません。

じゃあなんなのよ？　と思うかもしれません。教会とはギリシア語でエクレーシアと言います。意味は「呼び出された者の集まり」です。教会とはキリストを信じる私たち一人ひとりであり、年齢や職業の違う人々が集まる場所です。さまざまな賜物を持った者たちが仕え合って形作られています。頭《かしら》であるキリストを中心として、キリストにあって一つの体なのです。

「二人か三人がわたしの名において集まっているところには、わた

しもその中にいるのです。」（マタイ18・20）

教会に集まることは大切です。しかし、集まることがゴールではありません。

一人ひとりが礼拝をささげます。そして、みことばを受けとり、養われ、神の栄光があらわされて天国の前味を味わう所です。

たまにはトラブルもありますが、謝ったり、励まし合ったり、互いに愛し合うことによって、私たちの願いや思いをはるかに超えて神の御力があらわされていきます。

腹を立てすぎて、自分自身が教会の中の苦味にならないように気をつけましょう。

私たちはその地域に生まれ・育ち・移り住み、不思議と今の教会に集められました。偶然そこにいるのではありません。あなたは確かに神に呼び出されてそこにいます。教会で受けた恵みをこの世の中に流していきましょう。

chapter

Ⅳ 聖書について

旧約聖書と新約聖書の違いって何？

旧約聖書と新約聖書の決定的な違いは、イエス・キリストがこの地上に来る前と来た後だ。便宜上区切ることはできるけど、内容は決して区切って考えることはできない。
旧約聖書は、世界の成り立ちから始まり、エデンの園を追放されるアダムとエバ。それでも神さまは人間を見捨てずに、リーダーや預言者、律法を送り、何度もやり直そうとチャンスを与える。神さまはあきらめることなく何度も一緒に人間と生きることを願い、契約を与える。
それに対して人間は、あるときは応え、あるときは裏切る。信頼と裏切りの振り子が振れるようなやりとりが続く。
人間が神さまから離れていき、国は滅亡、のちに帰還するもローマ帝国に支配され、万事休す、というところに登場したのが、イエス・

キリスト。キター！　新約聖書のスタートだ。

ここから会心の一撃！

モーセが紅海を割ったときのように、ローマの圧政からイエス・キリストが助けてくださる！って思ったら、まさかの十字架刑。

でも、実はそれが救いの御業だった。

イエス・キリストは一時的な帝国からの救いではなく、罪の支配からの救いをユダヤ人にとどめずに全人類に示した。

それは、旧約聖書によって約束されていたことだった。

だから、旧約聖書と新約聖書は二つに分けることができない、二つで一つ、正確にいうと66巻で一つの書物だ。

旧約聖書は新約聖書の光に照らされて読まれるべきだし、新約聖書は旧約聖書の背景に照らされて読まれるべきだ。


「ひとりのみどりごが私たちのために生まれる。ひとりの男の子が私たちに与えられる。主権はその肩にあり、その名は『不思議な助言者、力ある神、永遠の父、平和の君』と呼ばれる。」　（イザヤ9・6）

聖書の著者はだれ？

聖書の著者はボクたちの信じている唯一まことの神さまだ。

神さまは聖霊を通して、40人以上の預言者やリーダー、記者（聖書を記した人）を用いて、ご自身の言葉をボクたちに与えてくれた。

神さまは人間の手を機械的に動かして聖書を書かせたり、完成した聖書を空から落としたりしたわけではなく、その人を用いて聖書を書いたんだ。

だから聖書は、記者の特徴や個性が出ていておもしろい。

さらに聖書が初めから終わりまで書かれるのに、千年以上かかっているんだ。千年以上、40人以上の記者が書けば、どんな書物も支離滅裂になるはずなのに、聖書の内容はブレることなく一貫している。聖書の著者が時代を超えた神さまだからだ。

旧約聖書にはヘブル語が用いられ、律法が記されたり、詩が記されたりしている。長い期間をかけて書き記され、読まれてきた。

新約聖書にはギリシア語が用いられ、イエスさまとその弟子たちの言行録（「使徒の働き」）と教会などへの手紙が記されている。

この聖書の内容は長い間語り継がれ、書き写され続けた。

教会は二千年以上、この聖書を神さまから与えられた言葉と信じてきたし、この教会に連なるのがボクたちなんだ。


「聖書はすべて神の霊感によるもので、教えと戒めと矯正と義の訓練のために有益です。」

（Ⅱテモテ３・16）

聖書って、やっぱり毎日読むべき？

神の息吹が吹き入れられ、人は生きるものとなりました。人は神の霊によって生かされています。私たちには神からの命が必要です。聖書を読んでいくなら、私たちを生かすために必要な栄養を受けることができます。

「イエスは答えられた。『人はパンだけで生きるのではなく、神の口から出る一つ一つのことばで生きる』と書いてある。」

（マタイ4・4）

食事を毎日するように、霊的な糧も日々摂取する必要があります。聖書は「霊の糧」と言われるほどに、心の食物なのです。

なぜ、人は神の口から出る言葉で生きる必要があるのでしょうか。それは、私たちを取り囲んでいる世の中の言葉にはさまざまな種類があり、その中には私たちを生かすものではなく、傷つけ、殺してしまうものがあるからです。

実際、世の中にはネガティブな言葉があふれています。もし、日々神の言葉に触れていくなら、試練の中でも神からの約束を忘れることはないでしょう。

打ちひしがれた心に神からの励ましがあり、揺るがないみことばの約束に希望を置くことができます。しかし、神からの言葉を受けないなら、次第に心は弱ってしまうのです。

親しい友人であれば、好きな食べ物や趣味を知っているでしょう。それは関わっている時間が長いからです。それと同じように、日々聖書を読んでいくなら、神との関わりが多くなり、より深く神を知ることができます。

初め、聖書知識として知っていた神の存在が、みことばに養われることによって、神と生きた関係にされていくことに気づくでしょう。神は、みこころに歩む親友を探し求めているのです。

私たちの心が神と全く一つの思いになるまで、みことばから影響を受けていきましょう。私たちの成長が多くの人の祝福になること間違いなしです。

「主はその御目をもって全地を隅々まで見渡し、その心がご自分と全く一つになっている人々に御力を現してくださるのです。」

（II歴代16・9）

「世界の終末」って何が起こるの？

「御国のこの福音は全世界に宣べ伝えられて、すべての民族に証しされ、それから終わりが来ます。」

（マタイ24・14）

この世界は終わる、と聖書は言っています。世の終わりなんて怖いな……なんて思う人も多いかもしれません。

しかし、クリスチャンにとっては救いの完成の時であり新天新地の幕開けです。

「また私は、新しい天と新しい地を見た。以前の天と以前の地は過ぎ去り、もはや海もない。」

（黙示21・1）

では、終わりの時代にはどのようなことが起こるのでしょうか。まず、偽キリストが現れます（マタイ24・5）。自分こそ神だと言う人が多く現れるのです。

ちなみに、「わたしが神の子、救い主である」と語った第一号がイエス・キリストです（キリストは救い主なので）。

キリスト以前に、自分が救い主だと言った人はいないと思います。キリスト以降現在に至るまで、自称預言者または救い主だと言う人たちが大勢現れています。

そして、戦争と飢饉《ききん》が起こります。これはまだ終わりの始まりですね……（マタイ24・6）。飢饉（異常気象で引き起こされ、頻発していますね……）、迫害が起こり、さらに終わりに近づくと世界的な患難があり（マタイ24・21）、キリストが再びこの世界に戻ってきます。これを再臨《さいりん》と言います。

その中で最も不思議なのは携挙《けいきょ》です。携挙という言葉は聖書には出てきませんが、そのことについて書かれている聖書箇所があります。生きているクリスチャンが引き上げられ、空中で主と会うのです（Ⅰテサロニケ4・17）。

いつ終わりが来るのか気になりますよね。しかし、それはだれにもわかりません。ただ、世の終わりの兆候を知ることが大きなヒントとなります。

終末預言で有名な書簡は「ヨハネの黙示録」です。この書簡を理解するためには、他の書簡も学ぶ必要があります。再臨のタイミングや患難の捉え方は、さまざまな意見に分かれていますので、自分の教会の牧師に聞いてみてください。

初代教会のクリスチャンは再臨を期待していました。私たちも主にいつでも出会えるように、心の準備をしていきましょう！

悪魔って存在するの？

聖書は、サタンや悪霊《あくれい》の存在をはっきりと記しています。

ただ、オカルト的な幽霊、心霊、妖怪のような存在とは異なるでしょう。これらの存在は空想的な部分も多く含まれるので、深入りしないほうがいいと思います。

エクソシストのような悪魔払いの類も、真似をするべきではありません。専門的な働きであって、素人の私たちが興味本位で行えるようなものではないからです。

「身を慎み、目を覚ましていなさい。あなたがたの敵である悪魔が、吼《ほ》えたける獅子のように、だれかを食い尽くそうと探し回っています。」

（Ｉペテロ５・８）

こちらから悪魔を探す必要はありません。私たちが、わざわざ出向かなくても、悪霊は獰猛《どうもう》で食い尽くすべき獲物を探し回っているからです。

では、目に見えない存在の悪魔は、何を食い尽くすことができるのでしょうか。それは私たちの命です。人を誘惑し、罪に誘い込み、恐れや怒りを心に植え付けます。

不安を不満に変え、劣等感を刺激し、人を互いに嫉妬させ、争わせます。不一致、不従順が大好きで、人と人とを衝突させ共喰《ぐ》いさせ、滅びの道を歩ませます。

悪魔には慰め励ましなどは皆無で、弱っている者を見つけては容赦なく責め立てます。

誘惑に落としては罪悪感や心の咎《とが》を攻め続け、私たちの心を消耗させるのです。攻撃の手を止めることはなく、絶望の中に私たちを投げ込み、自ら死を選ぶように仕向けてきます。

「ですから、神に従い、悪魔に対抗しなさい。そうすれば、悪魔はあなたがたから逃げ去ります。」（ヤコブ４・７）

悪魔の餌食にならないようにできることはただ一つ、一人ひとりが堅く信仰に立ち、従順に神に従い続けることです。

神に頼り続けることが最大の抵抗です。私たちは必ず勝ちます。今、心は神の愛、喜び、平安で満たされていますか。それとも不安、怒りや嫉妬に囚われているでしょうか。自分の心を祈りとみことばのうちにしっかりと管理しましょう。

死んだらどうなるの？

夜はどうしても余計なことを考えてしまう。

死んだらどうなるんだろう？

そんなことを考え始めると、怖くて怖くて仕方ない。

ずっと眠ったままなのかな。この地上での記憶は一切なくなるのかな。

ボクはイエスさまに出会う前、本当に怖かった記憶がある。

静まりかえった夜。月明かりだけが、この世界に光があることを教えてくれる。

夜露が窓際をなでる姿はまるで自分が泣いているよう。

高校生のとき、死に対して真正面から向き合っている人に出会った。

「自分は死ぬことなど何も恐れていない。だってイエスさまに会えるんだから！」　彼の真っ直ぐな眼差しがボクの心を動かした。

たぶん、夜が怖くなくなったのはあの時からだと思う。
死を直視できないのは、その圧倒的な力に抗えないことを知っているから。
死はあまりにも巨大で、すべてを奪うと思っていた。
でも、全人類を例外なく喰いものにしてきた死を、打ち破った方がおられる。
それがあなたのほめたたえる、イエスさま。
この方は死を打ち破ってくださった。だから死はもはや力を失った。
今まで怖くて直視できなかった死は、あなたの前に力を失った。
なぜならイエスさまを信じるあなたは、死んで復活するから。
だからキリスト者の最期は、希望にあふれている。
死を直視し、それに打ち勝つなら、あなたはもう死ぬために生きる動物ではなくなる。

「イエスは彼女に言われた。『わたしはよみがえりです。いのちです。わたしを信じる者は死んでも生きるのです。』」
（ヨハネ11・25）

愛ってなに？

愛されたい。愛したい。そんなことを叫びながらも、ボクたちは愛された充足感、愛しきった満足感を体験したことがない。

愛は手でつかむことができず、説明することもできず、経験したこともない。でも、みんな喉から手が出るほど欲しい。

ボクたちの人生は、愛を追い求める人生と言っても過言ではない。愛されたいがためにお金をかけ、財産を投げ出すこともあれば、愛されなかったことを理由に人すら殺してしまう。

この愛はボクたちにとって厄介な存在。愛はつかんだと思っても、指の間から抜けていく。

愛はロマンチックで幻想的なものとして描かれるけど、現実の生活に大きな影響を与えている。

愛とはなんなのだろうか。

あなたがずっと探している愛が、どこにあるのかを聖書ははっきりと語る。

「ここに愛があるのです。」（ーヨハネ4・10）

ヨハネは語った。ここに愛があると。この手紙を書いたヨハネはキリストの弟子として、イエス・キリストが十字架で処刑されるその瞬間を自分の目で見た人だった。

彼はそこに愛があると言う。

彼がここに愛があると指を指したのは、イエス・キリストの十字架だった。

そしてこの愛はあなたに、ずっと向けられているもの。

別に頼んでないし、と思うかもしれない。でも、愛とは「愛して」とお願いしたところから生まれるものではなく、相手の自然な態度から生まれてくるもの。

あなたが本当の愛を探しているなら、神さまの愛を受け取ってみるところから始めてみよう。

本当の愛がなんだかわかるよ。

chapter

V

伝道について

友だちに伝道したいけど、気まずくなったらどうしよう……

高校生のとき、伝道に失敗した。

クリスマスの時期に、学校の友だちをクリスマスの伝道集会に誘ったんだ。

友だちはクリスマス会に来てくれてたんだ。でも、そのクリスマス会でだれもボクの友だちに声をかけてくれなかった。

友だちは、すごくつまらなそうにしていたし、ボクはせっかく誘ったのになんだよ！　って思った。

だから、帰りの電車でボクは友だちに「なんかごめんね……」と言ったのを今でも覚えている。（あれは気まずかったね……。）

何が失敗だったんだろう？

今振り返ると、伝道は集会に誘いさえすればイイって思っていた。そうすれば、ノルマ達成！って思っていたんだ。それがボクの失敗だった。

伝道っていうのは、一回限りでもノルマでもない。じっくりとその人と関わり続けることであり、その人が福音を信じるまで共に生きること。

なぜなら、イエス・キリストはあなたが福音を信じるまで、あなたをあきらめずに共にいてくださったから。

信じないあなたをあきらめることなく、関わり続け、共に歩んでくださったのはイエスさまなんだ。

その姿に倣《なら》ってみよう。

それはとても素朴なことから始まると思うよ。あなたが本当に救われてほしい友だちのために、朝祈ることかもしれない。今日の自分にできることはなんですか、と神さまに聞いてみることかもしれない。

友だちが福音を信じるその日をだれよりも信じて、関わり続けることが伝道なんだ。

伝道は一回限りでも、誘って終わりでもなく、今日のあなたがその友だちのために祈るところから始まる。

最近会わなくなった友だちも、関わりがなくなってしまったと思えるあの友だちも、あなたが今日祈るなら、関わりはなくなったりしない。

だから、ボクも失敗したあの友だちのために、今日も祈り続けていくよ。

伝道方法を教えてください

「むしろ、心の中でキリストを主とし、聖なる方としなさい。あなたがたのうちにある希望について説明を求める人には、だれにでも、いつでも弁明できる用意をしていなさい。」
（Ⅰペテロ3・15）

伝道には、難しい聖書の箇所の説明や、うまく話そうと思うことも必要ではありません。私たちのテクニックによって人が救われるわけではないからです。大切なのは、福音をいつでも伝える勇気をもつことだと思います。

親友がうれしそうに他の友だちに、あなたのことを自慢していたらどうでしょうか。とてもうれしいと思います。証しをするとき、一番喜んでいるのは、あなたを愛している神ご自身です。

伝道の機会を逃さないためには、友だちとの会話の中でみことばや神を登場させることです。チャンスを見つけたら、すかさず、かつナチュラルに祈りが答えられたことや、神との体験（ストーリー）を伝えればいいのです。（それが難しいことなんだけどね……。）

常日頃からクリスチャンであると告白していきましょう。周りの人たちが、あなたが神を信じていると知っているなら語らなくても、すべての行動が証しになります。

福音を伝えると同時に、相手に興味をもつことが大切です。私たちは福音を一方的に語るのでも、宗教論争が目的でもありません。

相手の心の声に耳を傾けることができるなら、その相手がどこに苦しみや痛みを覚えているのかがわかるようになります。そうすれば、自《おの》ずと語るべき神の言葉がわかるのです。

神の言葉は、私たちにとっては聞き馴染んでいる言葉です。しかし、**「わたしの目には、あなたは高価で尊い」**という基本的な神の愛の言葉でさえ、聞いたことのない人たちが、たくさんいるのです。

今はわからないかもしれません。しかし、一歩踏み出して証しするとき、確かに神が支えてくださる経験をするでしょう。伝道はやめられなくなります！

伝道ってなんでしないといけないの？

「んで、お前はだれを誘うつもり？」

伝道集会の前、クリスチャンの友だちにそう言われてドキッとした。

だってボクは、だれよりも伝道することにびびってたから。

仲の良い友だちにしか、クリスチャンだって言ってなかったし。

教会やイベントに友だちをたくさん誘ってくるクリスチャンをすげーなって思ってた。友だちの救いのために祈りましょう！　とかそういう時はどこか居心地が悪かった。

使命感のある伝道と義務感のある伝道は全然違う。

ボクたちは使命感をもって伝道しよう。

なぜなら、イエスさまはボクたちに義務ではなく、使命を与えたからだ。

ボクたちがイエスさまを信じてもすぐに天に引き上げられることな

く、地上に生かされている理由は、この世界にイエスさまを伝え、その福音に生きるためだ。

伝道は片手間ですることでも、オプションでもない。

この世界で伝道するあなたは絶望の中の希望なんだ。それは、牧師や伝道師になることだけではない。

自分が今置かれている場所でみことばに応答して生きることから伝道は始まる。

それは義務感に動かされる伝道ではなく、使命感をもった伝道だ。

あなたの友だちが本当に探しているのは、あなたの信じている福音ではないだろうか。あなたのそれっぽいアドバイスや、一時的な楽しい時間ではなく、心の底から喜びにあふれる福音ではないだろうか。

あなたが手に握っている福音を探しているのではないだろうか。

「それから、イエスは彼らに言われた。『全世界に出て行き、すべての造られた者に福音を宣べ伝えなさい。』」

（マルコ16・15）

chapter

Ⅵ 信仰生活について

罪って、そのたびに悔い改めればいいんでしょ？

「もし私たちが自分の罪を告白するなら、神は真実で正しい方ですから、その罪を赦し、私たちをすべての不義からきよめてくださいます。」

（Ⅰヨハネ1・9）

ある人は「悔い改めるなら赦される。だから、罪を犯しても大丈夫」と言います。確かに私たちは罪を犯してしまったとき、その罪を真剣に告白するなら何回でも赦されます。

しかし、赦しの保証を得られたからといって、私たちが罪を犯し続けられるようになったわけではありません。悔い改めは、私たちが恵みにとどまり、光のうちを歩むためなのです。その歩みには神との正しい関係があります。

もし、私たちが同じ罪を犯し続け、暗闇にとどまり続けるなら、そこには神との正しい関係はありません。罪を犯した自分を悔いているだけで、悔い改めの実が実っていないからです。そのような状態では、平安がないことを本人が一番知っているはずです。

悔い改めは形式ではありません。神の光のうちに歩むのか、暗闇にとどまるかの分岐点なのです。神の命に満たされて生きるのか、罪の欲望に負け続けて生きるのかという大きな問題です。

罪の習慣を持ち続けることは、非常に危険な状態にとどまっていると言えるでしょう。そういう人は、なぜ悔い改めるのかを考える必要があります。

多くの場合、人は裁かれたくない思い、地獄に行きたくない恐怖から悔い改めますが、本当に必要な思いは「神を悲しませたくない」という神を愛する思い、心から悔い改める思いなのです。

そのような心があるなら、私たちの心のうちに聖霊が働き、常習的な罪の縄目を断ち切ってくれます。

「弱く罪深い私たち」という言葉が軽い表現に聞こえるほど、私たちは欲望に負けやすいのです。聖霊に頼り、真実に悔い改め、その実を実らせていただきましょう。

クリスチャンって、なんか現実離れしてない!?

「はじめに神が天と地を創造された。」

（創世1・1）

「聖書に書かれていることは空想的、神など人間の想像の産物だ。だから、クリスチャンは現実的な人たちではない」と言う人たちがいます。この世界は無から有が偶然発生し、宇宙が創られ、偶然の連続によって人が進化し、現在に至る……と考えているのです。

しかし、本当にそうでしょうか。偶然にこの世界が完成する確率はとてつもなく低いのです。偶然とは、何の秩序も法則もない状態です。しかし、自然界は秩序と法則で満ちあふれています。

人の寿命は120年と聖書にありますが、大体の人の一生は100歳前後です。偶然300歳まで生きたという人はいません。月の満ち欠けは約29・5日の周期で、今月はたまたま10日早く周ってしまったということは起こりません。

さらに言うと、生まれてくる子どもの男女比や、人間の成長速度も、何か特別な理由がないかぎりは、ほぼ一定です。挙げたらきりがありませんが、世の中にあふれる秩序と法則を考慮すると、すべてが偶然に出来上がった、と言うことのほうに無理があるのです。

神を否定する人たちは多くいます。しかし、否定すること自体が神の存在を認めていると思います。もし、神が存在しなかったら、神はいないという発想さえないのです。

「愚か者は心の中で『神はいない』と言う。
彼らは腐っていて　忌まわしいことを行う。
善を行う者はいない。」（詩篇14・1）

聖書は「神はいない」と言う者を愚か者だと語っています。神の存在を信じない知識人たちも世の中には多くいるので、この言葉に驚きを覚えます。

しかし、よくよく考えてみると、神はいないと断言することがいかに愚かなのかわかります。

「神はいない」と言い切る人は、それだけの証拠を持ち合わせるべきです。その人は全世界と全宇宙を確認したうえで、神はいないと言っているのでしょうか。

二千年前にさかのぼりイエス・キリストに会い、さらに、イスラエルに勝利を与えた神の力強い働きを見たうえで、これは神ではなく、偶然に起こったことだと判断しているのでしょうか。

もし「神はいない」と断言できるほどの経験もなく、ごく限られた、時代的制約のある情報だけをもとにして、そう言っているのであれば、存在しているものを「ない」と言いきってしまっているのです。それは愚かでしょう。

聖書は一貫して神がおられることを語っています。聖書の預言は現在に至るまで、いくつも成就しています。

神がいない証拠よりも、いる証拠のほうがはるかに多いのです。すべてが偶然と信じている人たちのほうこそが、現実離れしていると言えるのではないでしょうか。

クリスチャンなのになんで不幸が起こるの？

中学生のとき、クラスメイトを亡くした。

高校生のとき、とても尊敬していた信仰の先輩を亡くした。

大学受験で不合格にもなった。

人生はあまりにも残酷で、神さまの目は、世界の端っこで生きるボクには届いていないのではないか、とすら思う。

聖書は苦しみや、悲しみ、試練や不幸がクリスチャンにも訪れると言う。苦しみの中にいるとき、そんなことを言われても受け止めることはできない。

むしろ、だからなんだよ！　とすら思ってしまうこの心は、あまりにも弱いのだろうか。聖書は役に立たないのだろうか。

決してそんなことはない、と信じたい。聖書は苦悩する者に慰めを与え、痛む者に癒やしを与えてきた。

ボクはずっと痛みの意味を探してきた。

でも、痛みに意味はない。痛い。ただそれしかボクに与えてはくれない。

だから、どうやら痛みの中に意味を見いだすことをやめて、神のなかに意味を見いださなければならないようだ。

この傷だらけのボクを、神さまはどのように迎えてくれるのだろうか。

苦悩に溺れるボクのために、神はどのように立ち上がるのだろうか。罪にまみれたボクをどのように洗ってくださるのだろうか。

癒やしのために痛みがあるのではない。痛みがあるから癒やしがあるのだ。

赦しのために罪があるのではない。罪のために赦しが生まれたのだ。

神さまは傷ついた子羊を両手に抱え、傷を一つずつ包んでくださる。

だから、神さまの前で傷ついた自分をさらけ出して、癒やしてもらおう。

ボクたちは悩み、傷つき、不幸に出会う。これからもこの世界で生きていくことが絶望に感じることはあるだろう。

でも、ボクたちは信じている。

倒れるものを起き上がらせ、死人をよみがえらせ、ボクたちの痛みを癒やし、希望を与えてくださるお方を。

この光は、決して消え去ることはない。

だから、傷に潜ることをやめて、神のもとに行こう。共に癒やしを受け取ろう。


「私を強くしてくださる方によって、私はどんなことでもできるのです。」

（ピリピ４・13）

教会にいるときの自分と、普段の自分が違う気がする

教会ならではの呼ばれ方ってあるよね。

小さい頃から通ってればなおのこと、「〇〇ちゃん」ってみんなから呼ばれたりして、もう自分はそんなに小さくないのに！ って思うよね。

自分はもう中高生になって、小さい頃とは違うのに……。

学校での自分と、教会での自分のアカウントに、大きなギャップがあるかも。教会でどのように振る舞ったらいいんだろう？

ボクも、妻、hi-b.a. スタッフ、クリスチャンの友だち、ノンクリスチャンの友だちなどと話すとき、口調や行動は少なからず変化する。アカウントを使い分けることは、悪いことじゃない。

でも、アカウントのギャップがあまりに大きいものであったり、他の人に見られたくない態度であるなら、しんどいのは自分自身だよね。

まずは、いろいろな性質が自分の中にあることを認め、そのギャップを埋めていこう。あなたが「楽な自分」ではなく、「なりたい自分」はどれだろう？

意外と教会の中での自分だったりするかもしれない。教会の中での生き方が理想となるべきだと思うし、それが教会の外でも行われていくといいよね。

なぜなら、少なくとも教会の中でのあなたは「信仰者」だから。教会の中でのあなたという「信仰者」が、学校での「信仰者」となり、家族での「信仰者」になるなら、キリストと共に生きることを実感するだろう。

場所や周りの人からの呼ばれ方が変わっても、あなたは変わらずに「信仰者」として歩もう。

あなたのすべてのアカウントに、信仰のエッセンスを入れよう。

初詣《はつもうで》やお祭りに行ってもいいのかなぁ？

家から歩いて3分のところに神社があった。

夏祭りや行事ごとになると、家の中にまで太鼓の音が聞こえてきた。

ボクは露店に並んだりんご飴《あめ》が大好きだった。歯が痛くなるくらい甘くて、口の周りがベトベトになる真っ赤なあの塊。

ちょっぴり大人になって、お祭りなんてねって思ってもこっそり、それだけは買いに行っていた。（笑）

でも、お参りをすることもお賽銭《さいせん》を投げることもなかった。だってボクは唯一の神さまを信じていたから。

日本で生きているかぎり、他宗教と関わりをもたないことは難しい。日本の行事の中には、他宗教にルーツをもっているものが多くあるからね。

修学旅行でお寺や神社に行くこともある。

大切なことは、唯一の神を信じている者として、偶像礼拝を避けること。

ボクは修学旅行でお寺、神社に行くときも、お賽銭やおじぎ、手を合わせて祈ることはしない。これくらいはいいかな、という妥協は決してしない。

また、自分の行動で信仰的に弱いクリスチャンをつまずかせないことにも気をつけよう。

むしろ、クリスチャンにもノンクリスチャンにも、こんな素晴らしい生き方があるのだと模範になるように努めよう。

この日本で、キリスト者として生きているということには、とても大きな神さまの計画がある。

一緒にその理由を考え、共に歩んでいこう。

「ユダヤ人にも、ギリシア人にも、神の教会にも、つまずきを与えない者になりなさい。」

（Ⅰコリント10・32）

ゲームや漫画はいけないの？

手に汗握りながら、カチャカチャとコントローラーを動かしていた。なかなか倒せない敵を倒すと、思わず声が出た。

「イエスさま、ありがとー!!」

ボクたちのクリスチャンとしての歩みは、世界と分離しているわけではない。

ノンクリスチャンの人たちと関わってはいけないとか、一般書を読んではいけないとか、そんなことはもちろん聖書には書いていない。

「罪人」と呼ばれる人とは距離をおいて生活をしていた律法学者やパリサイ人たちとは真逆に、イエスさまはいつも彼らと生活を共にされたんだ。

ボクたちはこの地上で世俗的（娯楽）なものに触れないで生きることはできない。友だちと遊ぶときはゲームをするし、漫画の話で盛り上がることもある。

でもあるときは、ゲームをやりすぎたり、漫画に熱中しすぎて寝坊したり、やるべきことが疎《おろそ》かになってしまうことがあるよね。

だから、ゲームや漫画に心を奪われてしまわないことが大切なんだ。なぜなら、ボクたちの心はイエスさまに奪われるべきだから。

ゲームをしているときだってイエスさまに祈りながらやることだってできるし、漫画でめっちゃおもしろかったところをお祈りでイエスさまに伝えることだってできる。

イエスさまを一番にしてるから、何をしてもいっか、というイエスさまを悲しませる浅はかな判断を繰り返すことはやめよう。

イエスさまを悲しませる生き方ではなく、イエスさまに喜ばれる生き方を選ぼう。


「『すべてのことが私には許されている』と言いますが、すべてが益になるわけではありません。『すべてのことが私には許されている』と言いますが、私はどんなことにも支配されはしません。」

（Ｉコリント６・12）

クリスチャンとして歩めない

立派な信仰者、あこがれの牧師。

そんな人たちを見ると、どうやら自分はクリスチャンとして生きていくのが向いていないみたい、と思ってしまう。

そうやってあきらめてしまう人を、何度も見てきた。

この世のギャップに苦しんで、だれにも相談できず、教会にいるより友だちといるほうがだんだん楽しくなってきて、「ああ、クリスチャンをやめよう」って。

そんな人は、もうちょっと待ってほしいな。

だって、あなたはクリスチャンらしく歩めない自分に落ち込んでいるだけで、あなたのために主イエス・キリストが十字架にかかって死んでくださったことをまだ信じているんだもの。

クリスチャンとして歩むってなんだろう？

もしグータラ生活をしたら、あなたはクリスチャンではなくなるのだろうか。

あなたがクリスチャンらしく、きよく正しい生活をしたので、クリスチャンとしての特権を与えられたのだろうか。

そうじゃない。あなたはイエス・キリストの御業によって、クリスチャンとされた。

自分の生活に失望することと、キリストの十字架に失望することはイコールではない。

クリスチャンとして歩むとは、キリストを見上げて生きること。十字架に感謝して生きること。

それはとても小さくて、派手なことではないだろう。でも、それが本当のクリスチャンらしさだと思うよ。

だから、たとえあなたが自分のクリスチャン生活に失望しても、決して変わることのないキリストを見上げ、クリスチャンとして感謝する歩みを何度だって始められるんだ。

「この恵みのゆえに、あなたがたは信仰によって救われたのです。それはあなたがたから出たことではなく、神の賜物です。行いによるのではありません。だれも誇ることのないためです。」

（エペソ2・8〜9）

教団・教派って何？

キリスト教会には、たくさんの教団・教派があるのを知っているかな？

ボクは高校生になってバイブルキャンプに参加するときに、「所属教団」って欄を見て初めて「教団」っていうのがあるのを知ったんだ。教団・教派を大きく分けると、プロテスタントとカトリックというのがある。

プロテスタントの中には、さらに多くの教団教派が存在している。主流派、長老・改革、ホーリネス、バプテスト、ルーテル、ペンテコステ、メノナイトなどなど、他にもたくさんある。

自分の教会がどんな教団・教派なのかを知る機会は、あまりないかもしれないね。

なぜプロテスタントには、こんなにたくさんの教団・教派が存在するんだろう?

みんなで一つになったらいいのに! って思うよね。(ボクはそう思っていました。)

ボクが聖書の勉強をしたのは超教派と呼ばれる神学校で、教団・教派の壁を超えた人たちが集まってくるんだ。

そこで先生が教団・教派についてこう言っていたんだ。

「教団・教派は神の国を建設する足場のようなものです。それぞれが特徴を生かして、神の国をさまざまな面から建設しています。そして、完成の日に足場は取り払われ、神の国で共に礼拝をささげるでしょう。」

それを聞いたときに、教団・教派は神の国の建設において邪魔なものじゃなくて、尊いものなんだって思えたんだ。

特徴や強みはそれぞれバラバラだけど、神の国を中心として、互いに補い合っているんだと思えるなら、他教団、教派へのリスペクトが生まれる。

競い合うのではなく、協力しながら神の国を建設していこう。

なぜなら、ボクたちはお客さんを取り合う同業者じゃなくて、同じ目的のために働く同労者だから。

「私が植えて、アポロが水を注ぎました。しかし、成長させたのは神です。

ですから、大切なのは、植える者でも水を注ぐ者でもなく、成長させてくださる神です。

植える者と水を注ぐ者は一つとなって働き、それぞれ自分の労苦に応じて自分の報酬を受けるのです。

私たちは神のために働く同労者であり、あなたがたは神の畑、神の建物です。」

（Ｉコリント３・６〜９）

「異《い》言《げん》」って何？

「異言で語る人は、人に向かって語るのではなく、神に向かって語ります。だれも理解できませんが、御霊によって奥義を語るのです。」

（Ｉコリント14・2）

神さまが与えてくださる賜物《たまもの》はみな素晴らしいものです。

その中に「異言」という賜物があります。この賜物は、霊の奥義で話し、自分の徳を高めると言われています（Ｉコリント14・5参照）。

コリント人への手紙第一、14章には、異言の賜物の取り扱いが語られています。おそらく、御霊の賜物を熱心に求めるあまりに、混乱があったのでしょう（12節）。

異言の賜物は、祈る者にとっては個人の徳を高めますが、聞く者と語っている者も含めて、何を言っているかわからないのです。

おそらくコリントの教会では、異言の祈りが無秩序にささげられていたため、新来者や異言の賜物を持っていない人が意味もわからないうえに、「アーメン」を言うタイミグすらも合わせられず、気まずい雰囲気になっていたのかもしれません（16節）。

この状態を見てパウロは、霊においても知性においても祈り、教会では預言（聖書の解き明かし・霊的な助言）を勧め、すべてのことを適切に秩序を持って行いなさいと語りました（15、40節）。

異言の賜物には、秩序を乱しやすい側面があります。したがって教会では黙り、神に対して祈りなさいと勧められています。（28節）。

「私は、あなたがたのだれよりも多くの異言で語っていることを、神に感謝しています。……ですから、私の兄弟たち、預言することを熱心に求めなさい。また、異言で語ることを禁じてはいけません。」

（Ｉコリント14・18、39）

パウロ自身も異言を語っていたことがわかります。「異言＝禁止」ではありません。異言の解釈にはさまざまな考え方があります。しかし、否定したり、すべての人が持つ必要もないのです（30節）。

「よりすぐれた賜物を熱心に求めなさい。」

（Ｉコリント12・31）

神から与えられる賜物で悪いものは何一つありません。ただ、神と隣人への愛と祝福につながるために、すべての賜物を、適切に秩序正しく用いるように努める必要があります。

キャンプから帰ると冷めてしまう

「恵みとまことがあなたを捨てないようにせよ。それをあなたの首に結び、心の板に書き記せ。」

（箴言3・3）

帰宅した後に気持ちが冷めるからといって、キャンプ中に盛り上がらないように気をつける必要はありません。

キャンプに参加して気持ちが盛り上がることは自然なことです。むしろ、キャンプで気持ちが全く高揚《こうよう》しないとなると、どこかに問題があると言えます。

私たちが神の言葉に出会うとき、心は高揚し、希望が与えられます。感情が盛り上がることは悪いことではなく、その出会ったみことばを忘れてしまうので、高揚感がなくなるのです。

自分の気持ちが落ち、気乗りしないからといって、神が遠ざかっているわけではありません。神の存在を自分の感情や気分で測ってはいけません。なぜなら、私たちの気分は浮き沈みが激しいので、神を確認する基準としてはあまりにも脆弱《ぜいじゃく》です。

目に見えない携帯の電波について、今日は良いメールがきたから「良い電波」、嫌なコメントを読んでしまったから「悪い電波」、と私たちの感情で測ることはしません。電波が飛んでいるかどうかは、携帯の回線状況を見て判断します。それ以外の判断は意味がありません。

それと同じように、目には見えない方を、気分や感情で測るのではなく、与えられている神の言葉（約束）で確認するべきです。自分の感情に振り回されないように、与えられているみことばを、心の板に書き記しましょう。

みことばが与えられたとき、それを心に刻むのは私たち側のすることです。神は強制的に私たちの心にみことばの刻印を押すようなことはしません。私たちが意識して神の言葉を覚え、その言葉に生きる必要があります。

心から賛美ができない……

「詩と賛美と霊の歌をもって互いに語り合い、主に向かって心から賛美し、歌いなさい。いつでも、すべてのことについて、私たちの主イエス・キリストの名によって、父である神に感謝しなさい。」

（エペソ５・19）

あなたが、心から賛美ができなくなったのはいつからですか？

まず理由から考えましょう。

神との関係が崩れているのか、他者を見て、あの人が賛美しているなんて偽善だ！　と裁いているのか……とさまざまな理由があるかもしれません。

もし、賛美ができない理由が神との関係であれば、その原因を探りましょう。漠然と考えるのではなく、理由を書き出すことをお勧めします。そして、神の前に罪を犯していることがあるならば、即座に悔い改めましょう。

また、従わずに保留にしていることに気づいたならば、ただちに従いましょう。そうすれば、心から賛美ができるようになります。

中には、他の人が賛美をしている姿を見て、嫉妬したり裁いたりする人もいますが、それは時間の浪費です。確かに、指摘されるような部分がその人たちにあるかもしれません。

しかし、それを的確に指摘したとしても、そのことであなたが賛美ができなくなるだけです。その上、信仰の成長もありません。

賛美は、あなた自身が神に向かってささげるものです。だれにも邪魔されることはありません。ささげる心が大切です。ささげますという感謝の心が大切です。あなたの賛美を妨げるものはありません。

祈っているのに、なかなか祈りが聞かれないんだけど……

長らく祈っている祈りが聞かれないことは、ボクたちの心にフラストレーションを生み出す。

そしてたくさんの疑問が生まれる。なんで？　どうして？　こんなにも祈っているのに……。

フラストレーションは怒りになり、不信感へと変化する。

スピード社会で生きるボクたちは、すぐに返答を知りたがる。

だから神さまの返答が必ず「YES」か「NO」だと信じ込んでいるんだ。その返答がないと、「神さまは祈りを聞いてくれていない！」と思う。

でも、命を捨てるほど愛してくださる神さまが、あなたの声を聞き逃すわけがない。あなたの一言をこぼすわけがない。

あなたが心を注ぎ出した祈りを、神さまはすべて聞いている。

あなたが涙を流して叫んだ祈りを、神さまは忘れてなどいない。神さまはいつでもボクたちの祈りに返答してくださっている。その返答を知るには、「YES」「NO」だけじゃなくて、神さまには「Wait（待て）」という選択があることを知ることが大切なんだ。

なぜ待たなければいけないの？と思うかもしれない。それはボクたちが思う以上にもっと良い時があるからだ。

神さまはボクたちにとって一番良い時に働こうとしている。なかなか解決しない祈りがあるなら、神さまのタイミングを待ちながら祈り続けよう。

神さまは、あなたの祈りをすべて聞いてくださっているよ。

「神のなさることは、すべて時にかなって美しい。神はまた、人の心に永遠を与えられた。しかし人は、神が行うみわざの始まりから終わりまでを見極めることができない。」

（伝道者3・11）

chapter VII
そのほか不安なこと

進路が不安。自分が将来何をしたらいいのかわからない

ボクたちは、いつも進む道を考える。

右には茨《いばら》の道、左には舗装《ほそう》されたきれいな道。左に進みたいという直感。でも、進んだ先が落とし穴だったら？　楽な道なんてないんだから、だまされちゃいけない！　後で苦労が待っている。そんな声が聞こえてくる。

分岐点を前に、ボクたちはいつもいつも頭を抱えて悩む。

高校受験。部活選択。文理選択。大学選択。専門選択。就職選択。

あぁ、あぁ……選択ばかり。

選択の連続の人生が、地平線まで広がっているみたい。

こんなとき、ボクたちが最も頼りにすべきは針路だ。

何を選ぶかじゃなくて、どこを目指しているか、が重要だ。

進路に不安になるとき、ボクたちは心の向きを問い直さないといけない。

コンパスがいつも北を指すように、ボクたちの心がいつも神の国の方向に向いているか確かめよう。

いつか受験校を決めなきゃいけない日が来る。足は止まらない。だから、いつも神の国に針路を合わせよう。

神の国って聞いても、ピンとこないかもしれない。

そんなときは、この質問を自分に問いかけてみよう。

「自分は神の国でどんな仕事をしたい？」

「神の国では何が喜ばれて、何が喜ばれない？」

あなたの今やっていること、これからやろうとしていることを神の国でもやりたいと思えるものを選ぼう。


「兄弟たち。私は、自分がすでに捕らえたなどと考えてはいません。ただ一つのこと、すなわち、うしろのものを忘れ、前のものに向かって身を伸ばし、キリスト・イエスにあって神が上に召してくださるという、その賞をただくために、目標を目指して走っているのです。」

（ピリピ３・13〜14）

自分の夢と神さまのみこころが違ったらどうしよう……

心臓の鼓動が耳から聞こえ、喉が乾いているのに気づいたとき、ボクは自分が緊張しているのを感じた。

立っていたのは、大学の学生課。探していたのは、退学届。

さまざまな申請書が並んでいる棚にかける手は、とても震えていた。

退学届は見つからず、職員の方に怯えた声で聞いた。

「退学届が欲しいのですが……。」

学生課の職員は驚いた顔で「ちょっと奥で話聞こうか」とボクを面談室に案内した。

ボクは20歳の時に大学を辞めた。

入学したことは、みこころだと思ったし、道も開かれた。でも、退学したんだ。みこころじゃなかったから？

違う。あのときのボクは、間違いなくみこころだと確信したんだ。

じゃあ、なぜ辞めたのか？　なぜなら、辞めることもみこころだったから。神さまは一度大学をやめて、神学校に行くという道を用意していたんだ

ボクたちは、「自分の選択や夢がみこころと違ったらどうしよう」という、つかむことのできない恐れと共存しているように感じる。でも、よく考えてほしいんだ。あなたが恐れに支配されて、身動きが取れず、不安な今日を過ごすことはみこころなんだろうか？

神さまのみこころは未来にあるものじゃなくて、今日、この一瞬にもあるんだ。わからない将来を神さまに祈りゆだねて、今、神さまとみこころの日々を歩もう。そうしたら、自分の足跡を振り返って、みこころだと言えるよ。

いや、振り返ったときにみこころだと言える今日を過ごそう。

「まず神の国と神の義を求めなさい。そうすれば、これらのものはすべて、それに加えて与えられます。ですから、明日のことまで心配しなくてよいのです。明日のことは明日が心配します。苦労はその日その日に十分あります。」

（マタイ６・33〜34）

自分のことをどうしても好きになれない

「セルフイメージ」とネットで調べると、トップのほうに「セルフイメージを高める方法」と出てきます。それは、多くの人たちがセルフイメージの低さに悩み、その葛藤や苦い思いから抜け出そうとしているからでしょう。

自分を好きになれないことは、中高生のみならず日本の社会全体の悩みなのかもしれません。

もし、私たちのセルフイメージが低い場合、さまざまな問題が生じてきます。「自分は魅力的ではない」「自分はおもしろくない」「だれも受け入れてくれない」などと思い続けるならば、人間関係を築くことに不安を覚えてしまったり、たとえ多くの友が与えられていたとしても、自分は必要とされていないと思ってしまうでしょう。

そして、これといって大きな問題ではないようなことでも「人間関係で傷ついた」「傷つけられた」と、悲しんだり怒ったりする場合もあり、自分自身で人間関係を壊してしまうことさえあるのです。

しかし、ただ単純に自分が大好きで、セルフイメージが高ければ良いというものでもありません。健全な自己理解が必要です。

健全な自己理解は被造物（造られた立場）である人間が答えを出せるものではなく、私たちをお造りになった神の言葉から学び、聖書の視点に立つ必要があります。

「実に、私たちは神の作品であって、良い行いをするためにキリスト・イエスにあって造られたのです。神は、私たちが良い行いに歩むように、その良い行いをあらかじめ備えてくださいました。」

（エペソ２・10）

聖書は「私たちは神の作品」だと言います。作品は製品ではなく、世界に一つしかありません。たとえどんな作品であっても、作者にとっては愛着があります。

これから最高の人間になるのではありません。すでに最高傑作なのです。あなたはこのことを信じますか？

私たちの生きる目的は「良い行いをするため」だと語られています。この良い行いは、最高の存在になるためにするのではなく、最高の作品としての生き方です。

また、その「良い行い」ができるように、神はその力や知恵を「あらかじめ備えて」くださっています。

みことばに従うことが最大の「良い行い」です。あなたはすでに最高の存在ということを決して忘れないでください。多くの人々に希望を与える神の最高傑作として大胆に歩みましょう。

今の自分は天国に行けるのかなぁ……

「なぜなら、もしあなたの口でイエスを主と告白し、あなたの心で神はイエスを死者の中からよみがえらせたと信じるなら、あなたは救われるからです。人は心に信じて義と認められ、口で告白して救われるのです。」

（ローマ10・9〜10）

救いの根拠は人間の側にはありません。私たちの行いや功績で救いを得るのではないのです。

救いは神にあり、キリストの十字架によって完成しています。それを信じるときに、私たちは救われるのです。

たとえ気持ちが落ち込み、信仰生活が思うように歩めていなかったとしても、与えられている救いに対してなんの影響もありません。

なぜなら、神が見ているのは、あなたの状態ではなく十字架であり、私たちの罪のために流されたキリストの血です。罪のない方の血は、それほどまでに私たちを贖《あがな》い、義と認めます。

もし、あなたが赦した相手から何度も謝られたらどう思うでしょうか。「本当に大丈夫だから気にしないで!」と言うと思います。

自分の人生にキリストが必要だと言えるのであれば、それは立派な信仰告白です。神とともに生きたいと願いキリストを信じるとき、あなたは救われ、ただちに天の国籍が与えられます。

救いの条件はそれ以上でも、それ以下でもありません。

キリストの隣で十字架につけられた囚人は、その場で信じて救われました。神はご自分の命を捨てるまでに、救いをあなたに与えたいと願っているのですから心配はいりません。

三位《さんみ》一体《いったい》って何？

「三位一体」という言葉自体は、聖書には一度も出てこないんだ。だからこそ、三位一体って言葉を聞くとなんだそれ？と思ってしまうね。

聖書全体を読むと神さまは一つでおられ、三つの位格《いかく》を持っていることがわかるんだ。

位格とは「父なる神、子なる神、聖霊なる神」とそれぞれが独立したお方であること。

三位一体は一つの人格によって三つの役割りが演じられているわけではなく（たとえば、父、夫、サラリーマンのように）、三つの神を一つにまとめたものでもない。

この三つの位格は同等でありながら、区別されている。どれか一つの権威をさげすむことや、強調することは良くないんだ。

神さまに三つの位格があることは聖書の最初、創世記で神さまがご自身を表すときに、**「われわれ」**（創世1・26）と語ることからもわかる。

新約時代には、子なる神であるイエスさまは、**「わたしと父とは一つです」**（ヨハネ10・30）と、父なる神と一体であることを語り、**「父はもう一人の助け主をお与えくださり」**（ヨハネ14・16）と聖霊なる神が父から遣わされることを語っている。

神さまにしかない三位一体の考えを教会はずっと大切にしてきた。この位格に他のものが入ったり、抜け落ちたりすることは、教会としての健康さを失い、異端（聖書から外れた考え）へと発展する。

この三位一体の教えはとても難しく、何かにたとえることもできない。（たとえることができてしまえば、神さまを人間の頭に押し込めてしまうことになるね。）

この三位一体の神秘は説明されるためではなく、神さまが神さまとして存在していることを示しているんだ。

そしてこのユニークな神さまを、ボクたちは唯一の真の神さまとしてほめたたえているんだ。

「ですから、あなたがたは行って、あらゆる国の人々を弟子としなさい。父、子、聖霊の名においてバプテスマを授け、……。」

（マタイ28・19）

三《さん》位《み》一《いっ》体《たい》！

おわりに

高校生の質問から、私たち人間にはわからない、判断がつかないことが多くあると気づかされました。人生の意味、生き方、命あるものとしての根本的な問いにさえ、私たち人間は、答えを持ち合わせてはいないのです。

今は多様性を認める時代で、すべて認め、何もかも容認し、考え方を常に新しくすることが、いかにも良いことのように言われている。そのように思います。しかし、本当にそうでしょうか。

私自身、どちらかというと伝統や古い価値観に囚われない性格です。常に新しいものに乗り換え、昔はよかったなどのノスタルジックな想いに浸ることはありません。

しかし、聖書の言葉と向き合うとき、その言葉は新鮮で、伝統や古い価値観という概念ではなく、私たち人間のあるべき姿、生きるべき指針が、人を愛する神によって言い渡されていると感じるのです。

私たち人間は、自由を求めています。しかし、真理の言葉を無視した生き方は、自由奔放であり、本当の自由を得る生き方にはなりません。かえって、罪からくる死と、蒔《ま》いた種の刈り取りが待っていて、不自由、不幸せになるばかりです。

多くの人は、聖書を知っていて、キリストの存在も認めています。しかし、その理解は過去の物語、あるいは一つの考え方、程度です。また、キリストの語った愛を知っていますが、それだけです。愛と聖は表裏一体であるのに、戒めに歩む祝福を知りません。

私たちは自由意志を与えられていて、信仰生活に対して、一切強制されることはありません。神の戒めに従うことは、完全に自由な心から出るのです。愛されるゆえに従うのであって、愛されるためではありません。そうしたくなければ、今すぐにでもやめることができます。

しかし、神の言葉を通して神の愛に触れるならば、神の喜ばれることが自分の生きる指針となっていくのです。そして、このことがいかに大切で、私たちを守り祝福するものであるのか、身にしみてわかります。

この本を通して、多くの中高生がみことばに歩み、生きた神との経験をもつことを願います。「神がしてくださった」としか、言いようのない恵みと導きが、皆さんにありますように！

今さらだけど……

hi《ハイ》-b《ビー》.a《エー》.ってなに？

▲定期集会の様子

どんな団体なの？

hi-b.a.（ハイビーエーと読みます）は、高校生伝道を行う超教派伝道団体で、「高校生による高校生伝道」をモットーとしています。アメリカから始まったこの働きは、日本では1951年からスタートしました。

2050年までに47都道府県に定期集会活動を広げ、すべての高校生のための救いの拠点を置くことを目指しています。

名前の由来は？

hi-b.a. は high school born againers の略です。ヨハネの福音書３章３節「人は、新しく生まれなければ、神の国を見ることはできません」のみことばから名付けられました。

どんな活動をしているの？

定期集会・特別集会・キャンプという３つの活動をとおして、高校生にイエス・キリストの福音を伝えています。初めての中高生や先生方をいつでも歓迎しています。

定期集会……　**hi-b.a.** の最もベーシックな活動。放課後、一緒に聖書を読んで、みんなで楽しくおしゃべりしてます！

特別集会……　土曜日や祝日・休日を利用して、伝道集会、Live、スポーツなどの活動をしています。

キャンプ……　長期休み各地域でキャンプを開催しています。
hi-b.a. のキャンプ場は、雄大な地平線を臨む千葉県九十九里浜にあります。このキャンプ場は、高校生伝道と信仰訓練の場として 1952 年にスタート。毎年夏・冬・春の休みには高校生のための主催キャンプを行っています。充実したスポーツ設備と、おいしい食事が自慢！

※ **hi-b.a.** は日本のすべての高校生に福音を届けたいと願っています。地域の高校生伝道のために協力できることがありましたらご連絡ください。さらに詳しいことを知りたい方は、ホームページをご覧ください

https://www.hi-ba.com

お問合せ先
hi-b.a. 高校生聖書伝道協会 150-0002　東京都渋谷区渋谷 2-22-16
TEL 03-3409-5072 FAX 03-3409-5076　E-mail office@hibajapan.com

聖書 新改訳 2017©2017 新日本聖書刊行会

新・それってどうなの!?
Q＆A 高校生クリスチャン・ライフ篇

2021年4月10日　発行
2022年6月10日　再刷

著　者　hi-b.a. 高校生聖書伝道協会
印刷製本　日本ハイコム株式会社
発　行　いのちのことば社
〒164-0001 東京都中野区中野2-1-5
電話 03-5341-6924（編集）
03-5341-6920（営業）
FAX 03-5341-6921
e-mail:support@wlpm.or.jp
http://www.wlpm.or.jp/

©hi-b.a. 2021 Printed in Japan
乱丁落丁はお取り替えします
ISBN978-4-264-04251-8